Gebrüder Grimm

Der Teufel mit den drei goldenen Haaren

Gebrüder Grimm

Der Teufel mit den drei goldenen Haaren

Ein Spielbilderbuch
mit Bastelbogen für ein Daumenkino

Aus der Werkstatt der Geschwister Busch
mit Bildern von Goran Djurovic

Frei nach dem Märchen der Gebrüder Grimm

Aufbau-Verlag

Es war einmal eine arme Frau, die gebar ein Söhnlein, und weil es eine Glückshaut um hatte, als es zur Welt kam, so ward ihm geweissagt, es werde im vierzehnten Jahr die Tochter des Königs zur Frau haben. Es trug sich zu, dass der König bald darauf ins Dorf kam, und niemand wusste, dass es der König war, und als er die Leute fragte, was es Neues gäbe, so antworteten sie: Es ist in diesen Tagen ein Kind mit einer Glückshaut geboren. Was so einer unternimmt, das schlägt ihm zum Glück aus. Es ist ihm auch vorausgesagt, in seinem vierzehnten Jahre solle er die Tochter des Königs zur Frau haben …

Der König hatte aber ein böses Herz, und die Weissagung ärgerte ihn. Er ging zu den Eltern und tat so, als wollte er helfen: Ihr armen Leute, überlasst mir euer Kind, ich will es versorgen. Anfangs weigerten sie sich. Aber der fremde Mann bot ihnen viel Geld. In ihrer Not willigten sie schließlich ein, denn sie dachten: Es ist ein Glückskind, es wird zu seinem Besten sein!

Der König legte das Kind in eine Schachtel und ritt damit fort. Als er an einen großen Fluss kam, warf er die Schachtel hinein und dachte bei sich: Vor diesem Kerl habe ich meine Tochter bewahrt.

Die Schachtel aber schwamm wie ein Schiffchen bis zu einer Mühle. Dort blieb sie am Stauwerk hängen, und die Müllersleute fanden den Jungen. Und weil sie keine Kinder hatten, freuten sie sich, tauften ihn Felix und zogen ihn groß.

Eines Tages, als der König durch den Wald bei der Mühle ritt, gab es ein heftiges Gewitter, und er suchte in der Mühle Zuflucht. Dort sah er den Jungen und fragte: Ist das dort euer Sohn?
Da erzählten die beiden, wie der Junge vor vierzehn Jahren in einer Schachtel herangetrieben war und sie ihn aus dem Wasser gefischt hatten. Der König erkannte nun, wen er vor sich hatte und erschrak. Schnell ersann er eine neue List. Er bat Felix, der Königin einen Brief ins Schloss zu bringen, und versprach ihm zwei Goldstücke als Lohn.
In dem Brief aber schrieb er: Tötet den Überbringer dieses Schreibens und begrabt ihn, bevor ich zurückkomme. Dann versiegelte er den Brief.
Felix rief seinen Hund und machte sich gleich auf den Weg.
Der Weg war weit und führte durch einen großen Wald. Und als der Abend hereinbrach, war immer noch keine Lichtung in Sicht. Es wurde dunkler und dunkler und am Ende verirrte sich Felix. Da sah er plötzlich ein Häuschen. Er ging zur Tür, klopfte an und trat ein.

In welche Richtung hätte Felix gehen müssen, um aus dem dunklen Wald herauszufinden und zum Schloss zu gelangen?

SCHLOSS

Drinnen saß eine alte Frau ganz allein am Feuer.
Sie erschrak, als sie Felix erblickte, und sprach:
Wo kommst du her und wo willst du hin?
Da erzählte ihr Felix von dem Brief für die Königin und wie er sich im Wald verirrt hatte und bat um einen Schlafplatz.
Die Alte aber warnte ihn: Du bist in ein Räuberhaus geraten, und wenn sie heimkommen, bringen sie dich um.
Doch Felix fürchtete sich nicht. Er war viel zu müde, streckte sich auf einer Bank aus und schlief sogleich ein. Sein Hund kroch unter die Bank und blieb ganz still, als die Räuber des Nachts nach Hause kamen.
Die fragten die Alte zornig: Was liegt da für ein fremder Junge auf der Bank?
Und kaum hatten sie von dem versiegelten Brief erfahren, brachen sie ihn auch schon auf und lasen, der Junge solle sofort bei seiner Ankunft im Schloss getötet werden.
Da empfanden die hartherzigen Räuber Mitleid.

Was könnten die Räuber tun, um Felix vor dem Befehl des Königs zu schützen?

Die Räuber zerrissen den Brief und schrieben einen anderen. Darin stand, der Junge solle gleich bei seiner Ankunft die Königstochter heiraten. Felix ließen sie indes ruhig bis zum anderen Morgen schlafen.
Und als er aufwachte, gaben sie ihm den Brief und zeigten ihm den Weg zum Schloss.
Die Königin aber, als sie den Brief empfangen und gelesen hatte, tat, wie darin befohlen, nahm Felix mit seinem Hund sogleich bei sich auf und ließ ein prächtiges Hochzeitsfest ausrichten.
So kam es, dass die Weissagung sich erfüllte und Felix die Königstochter heiratete. Und weil er schön, freundlich und furchtlos war, liebte ihn die Prinzessin von Herzen.

Woran könnte die Königin erkennen, dass dieser Brief nicht vom König geschickt wurde?

Nach einiger Zeit kehrte der König in sein Schloss zurück und sah, was geschehen war.
Wie ist das zugegangen? rief er, ich habe in meinem Brief einen ganz anderen Befehl erteilt!
Als ihm die Königin das Schreiben zeigte, merkte er, dass er betrogen worden war.
Aber Felix wusste von nichts.
Da wurde der König wütend und schrie: Wer meine Tochter haben will, der muss mir aus der Hölle drei goldene Haare vom Haupte des Teufels holen.
Nur wenn du mir bringst, was ich verlange, darfst du meine Tochter behalten!
Der König hoffte, damit das Glückskind auf immer los zu werden. Doch Felix fürchtete sich nicht vor dem Teufel und willigte ein. Er nahm Abschied von seiner Frau, rief seinen Hund und zog los.

Der Weg führte Felix zu einer großen Stadt. Die war von einer mächtigen Steinmauer umgeben, und das Stadttor war verschlossen. Neben dem Tor aber hing eine große Steintafel, auf der in riesigen Buchstaben ein Rätsel stand:

Willst du in unsere Stadt hinein,
errate den Reim auf den Täfelein!

Welchen Reim hat Felix aus den Steintafeln gebildet, sodass sich das Tor geöffnet hat?

Wenn du die Tafeln oben in der richtigen Reihenfolge anordnest, kannst du es herausfinden und erfährst außerdem etwas über den Schatz dieser Stadt.

WILLST DU IN
UNSERE STADT HINEIN
ERRATE DEN REIM
AUF DEN TÄFELEIN.

Kaum hatte Felix den Vers geschmiedet, schon öffnete sich das Tor, und er kam zum Marktplatz. Weit und breit war niemand zu sehen. Ringsum war alles vertrocknet.
Nur am Brunnen stand ein einsamer Wächter und fragte Felix: Was kannst du? Was weißt du?
Und Felix antwortete: Ich weiß alles.
Da erzählte der Wächter vom Unglück der Stadt, deren kostbare Quelle versiegt war.
Felix versprach, des Rätsels Lösung zu finden, sobald er zurückkäme.
Dann rief er seinen Hund und sie zogen weiter.

Siehst du die beiden Steintafeln links und rechts vom Brunnen? Wenn du die beiden fehlenden Wörter errätst, dann weißt du auch, welchen Namen die Bewohner einst ihrer kostbaren Quelle gaben.

Errate auf Tafel 1:
Was ist nass und blass und mal blau und mal lau?

Errate auf Tafel 2:
Womit beginnt auf Erden das Werden und hält ohne Frage bis zum Grabe?

DAS
DES ?

Schon bald kam Felix in eine andere Stadt. Auch hier war keine Menschenseele zu sehen. Unter einem hohen Baum aber stand ein Wächter und fragte ihn: Was kannst du? Was weißt du?
Und Felix sagte: Ich weiß alles.
Da erzählte der Wächter vom Unglück der Stadt, denn der kostbare Baum hatte einst goldene Äpfel getragen. Jetzt aber drohte er zu verdorren. Felix versprach, des Rätsels Lösung zu finden, sobald er zurückkäme. Dann rief er seinen Hund und sie zogen weiter.

Schließlich kam Felix an ein großes Wasser, über das er hinüber musste. Ganz weit in der Ferne sah er den Fährmann. Und als es ihm endlich gelang, ihn auf sich aufmerksam zu machen, ruderte der Fährmann langsam heran und fragte: Was kannst du? Was weißt du?
Ich weiß alles, sagte Felix.
Da erzählte der Fährmann von seinem Unglück, wie er immer hin und her fahren müsse und doch niemals abgelöst würde.
Felix versprach auch hier, des Rätsels Lösung zu finden, sobald er zurückkäme. Dann rief er seinen Hund und sprang auf das Boot.

Der Fährmann war so weit weg, dass er Felix' Rufen nicht hörte. Errätst du, womit es Felix gelang, den Fährmann doch auf sich aufmerksam zu machen? Was hat er wohl mitgenommen aus der Stadt?
Blättere zurück auf Seite 19!

Felix fand den Eingang zur Hölle umgeben von Wassern. Drinnen war es schwarz und rußig und der Teufel war nicht zu Hause. Aber seine Großmutter saß da in einem breiten Sorgenstuhl. Was willst du? rief sie, du hast in der Hölle nichts verloren! Sie sah aber gar nicht so böse aus.
Ich brauche drei goldene Haare von des Teufels Kopf, sagte Felix, sonst nimmt mir der König meine Frau weg.
Und weil des Teufels Großmutter ihm helfen wollte, verwandelte sie ihn in eine Ameise und den Hund in einen Marienkäfer und versteckte beide in ihren Rockfalten, damit der Teufel sie nicht fände, wenn er heimkäme. Und während sie saßen und warteten, bat Felix die Alte noch einmal um Hilfe. Er musste doch das Geheimnis des Brunnens, der goldenen Äpfel und des Fährmanns herausfinden. Abermals versprach die Alte, ihm zu helfen.
Am Abend kam der Teufel nach Hause. Ich rieche, rieche Menschenfleisch, rief er, kaum dass er hereinkam. Dann guckte er in alle Ecken, konnte aber nichts finden.
Setz dich nieder und iss dein Abendbrot, schimpfte die Alte. Dann kraulte sie den Teufel, bis er schlief.

Da fasste die Alte ein goldenes Haar und riss es aus.
Autsch, schrie der Teufel, was hast du vor?
Ich habe geträumt, sagte die Alte, von einem Brunnen, der ist versiegt.
Da lachte der Teufel: Es sitzt eine Kröte unten im Brunnen. Lasst sie frei, und die Quelle sprudelt.
Die Alte kraulte ihn wieder, bis er schlief, da riss sie ihm das zweite Haar aus.
Hu, was machst du, schrie der Teufel zornig.
Ich habe geträumt, sagte die Alte, von einem Baum, der früher goldene Äpfel trug, und jetzt ist er verdorrt.
Wieder lachte der Teufel: An der Wurzel des Baumes nagt eine Maus. Jagt sie fort, und er trägt wieder goldene Äpfel.
Und wieder kraulte ihn die Alte, bis er schnarchte.
Da fasste sie das dritte goldene Haar und riss es aus.
Der Teufel fuhr in die Höhe, schrie und wollte auf sie los.
Ach, sagte die Alte, ich habe wieder geträumt, von einem Fährmann, der muss immer fahren, weil niemand ihn ablösen will.
Was für ein Dummkopf, lachte der Teufel. Gibt er sein Ruder dem Nächstbesten, der übersetzen will, so muss der für ihn rudern, und er ist frei.

Da die Alte nun die drei goldenen Haare und die drei Antworten hatte, ließ sie den Teufel schlafen, bis der Tag anbrach.

Der Teufel verrät die Geheimnisse um die beiden Städte und um den Fährmann. Findest du auf diesen Bildern die Paare heraus, die zusammengehören?

Als der Teufel fort war, gab die Alte Felix und seinem Hund ihre richtige Gestalt wieder und glücklich kehrten sie zum Fährmann zurück. Der verlangte die versprochene Antwort.
Aber Felix sagte: Erst fahr mich hinüber, dann will ich dir sagen, wie du erlöst wirst. Am anderen Ufer gab er ihm des Teufels Rat: Wenn einer hinüber will, gib ihm nur das Ruder in die Hand und du bist frei.

Dann ging er weiter und kam in die Stadt, wo der Baum keine Äpfel mehr trug. Dem wartenden Wächter riet er: Befreit die Maus, die an der Wurzel nagt, so wird der Baum wieder goldene Äpfel tragen. Der Wächter belohnte ihn mit einer Kutsche und Kisten voller Gold.

Zuletzt kam Felix in die Stadt, deren Brunnen versiegt war. Dort ging er zum Brunnenwächter und sagte: Befreit die Kröte, die im Brunnen unter einem Stein sitzt, so sprudelt die Quelle wieder. Und auch hier wurde er zum Dank mit Gold überschüttet.

Hast du in den Städten die Kröte und die Maus entdeckt?
Blättere zurück auf Seite 17 und Seite 19!

So kam Felix als reicher Mann daheim bei seiner Frau an. Die freute sich sehr, als sie ihn wiedersah und hörte, wie gut ihm alles gelungen war. Dem König brachte Felix die geforderten drei goldenen Haare des Teufels.
Du hast die Bedingung erfüllt, sagte der König zähneknirschend, und meine Tochter soll bei dir bleiben.
Aber als er die Kisten voller Gold sah, konnte er den Blick nicht mehr von ihnen abwenden und rief: Aber, lieber Schwiegersohn, sag mir doch, woher das viele Gold kommt? Das sind ja gewaltige Schätze!
Und Felix erzählte: Ich bin über einen Fluss gefahren, dort liegt Gold wie Sand am Ufer.
Der König war ganz begierig: Kann ich mir auch davon holen?
Und Felix versprach: So viel Ihr wollt, es gibt einen Fährmann, von dem lasst Euch hinüberfahren, so könnt Ihr Eure Säcke drüben füllen.

Der König machte sich gleich auf den Weg. Als er zum Fluss kam, wartete dort schon der Fährmann und ließ ihn einsteigen. Doch kaum hatte der König seinen Fuß in das Boot gesetzt, da gab ihm der Fährmann das Ruder in die Hand und sprang davon. Und so musste von nun an der König fahren.

Was meinst du, fährt er wohl noch?

Rätselauflösungen

Seite 6: Felix hat das Schild übersehen, das gegen den Baum lehnt. Wenn du es so herumdrehst, dass du es lesen kannst, dann zeigt es dir die Richtung zum Schloss.

Seite 8: Der Unglücksbrief muss vernichtet werden! Die Räuber schreiben einen wunderbaren neuen Brief. Dort steht, dass Felix die Prinzessin heiraten soll. So erfüllt sich die Weissagung und alles wird gut.

Seite 10: Die Räuber sind geübte Fälscher und können die Schrift des Königs täuschend echt nachahmen. Aber das königliche Briefsiegel haben sie nicht. Deshalb nehmen sie ihr Pistolensiegel. Und weil beide Siegel rot sind, hat die Königin in ihrer Aufregung den Brief aufgebrochen, ohne hinzusehen.

Seite 14: »Der Schatz unserer Stadt, den sonst keiner hat, ist eine kühle Quelle, die heilt auf der Stelle.« Das Gedicht verrät dir auch, warum die Bewohner so stolz auf ihren Brunnen sind, denn hier verbirgt sich eine wundersame Heilquelle.

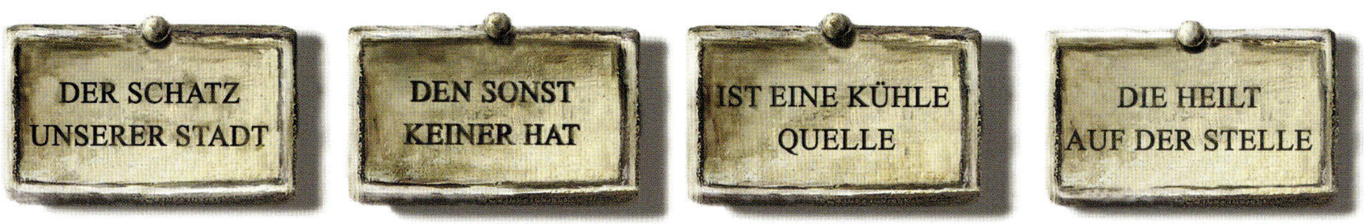

Seite 16: Wenn du auf Tafel 1 »das Wasser« einfügst und auf Tafel 2 »des Lebens«, dann erfährst du auch, was da für eine Heilquelle fließt: Hier heilt das Wasser des Lebens.

Seite 20: Siehst du auf Seite 19 das Horn, das der Wächter vor seinem Bauch trägt? Er hat es Felix mit auf den Weg gegeben. Und sein Klang war so laut, dass selbst der Fährmann in der Ferne es hören konnte.

Seite 24: Diese Tafeln gehören zusammen:

Der Fährmann muss sein Ruder dem Nächstbesten in die Hand geben, um von seinem Dienst erlöst zu werden.

Der Baum der goldenen Äpfel wird wieder blühen, sobald man die Maus verjagt, die an der Wurzel nagt.

Und die Quelle wird wieder sprudeln, wenn man die Kröte befreit, die unten im Brunnen sitzt.

Seite 26: Hast du die Kröte und die Maus entdeckt?

Die Kröte auf Seite 17

Die Maus auf Seite 19

Seite 29: … was sonst? Es wird ihm wohl keiner das Ruder abgenommen haben …

Von den Autoren ist außerdem lieferbar:

Zwerg Nase
Ein interaktives Märchen
CD-ROM für PC und Mac
ISBN 3-464-90045-2
Cornelsen Verlag

Der Teufel mit den drei goldenen Haaren
Ein interaktives Märchen
Mit Hörbuchfassung des Märchens,
gelesen von Otto Sander
CD-ROM für PC und Mac
ISBN 3-464-90000-2
Cornelsen Verlag

ISBN 3-351-04057-1
1. Auflage 2004

Schrift Meta 12 pt
Litho Druckhaus Berlin Mitte GmbH
Gesamtherstellung STIGE S.p.A., Turin
Printed in Italy

www.aufbau-verlag.de